Immanuel Kants logischer Atheismus - die Kritik der reinen
Vernunft als verschleierte Manifestation des Atheismus

© 2016 Wolfgang Baudisch

Inhaltsverzeichnis

Einleitung 5
Transzendenz 9
  Antinomien 9
    Der Anfang von Raum und Zeit 11
    Materie 11
    Kausalität oder Freiheit 12
      John Locke, David Hume 13
    Das "Urwesen" 14
      Gott 15
        Gottesbeweise 15
        Die Idee Gottes erzeugt noch keine Realität 20
    Auflösung der Antinomien 23
    Kritik der Kritik 29
Kategorien 32
  Ursache 39
  Realität 41
Urteile 42
  Analytische 42
    Logik 43
      Satz vom Widerspruch 43
    Axiome 44
      Axiome der Anschauung 49
      Arithmetische Axiome Euklids 52
  Synthetische 56
    Synthetische Urteile a priori 59
Kants Begriffe 62
  Noumena 65
Literatur 67

Einleitung

Kant zeigt in der Kritik der reinen Vernunft: man kann die Existenz Gottes weder beweisen noch widerlegen. So schreibt er bei der Kritik am ontologischen Gottesbeweis:

Der Begriff eines höchsten Wesens ist eine in mancher Absicht sehr nützliche Idee; sie ist aber eben darum, weil sie bloß Idee ist, ganz unfähig, um vermittelst ihrer allein unsere Erkenntnis in Ansehung dessen, was existiert, zu erweitern.

...ein Mensch möchte wohl ebensowenig aus bloßen Ideen an Einsichten reicher werden, als ein Kaufmann an Vermögen, wenn er, um seinen Zustand zu verbessern, seinem Kassenbestande einige Nullen anhängen wollte.

Nach Kant ist also der Name "Gott" nur eine Idee, ein Gedankengebilde, dem keine reale Existenz eines oder mehrerer Götter entspricht.

Ich folgere daraus: der Glaube an Gott ist ein Irrtum. Denn Glaube setzt ja, obwohl es Glaube und eben nicht Wissen ist, immer im Stillen die gegenständliche Existenz des Objektes an das man glaubt voraus. Ohne die tiefe Überzeugung von der gesicherten Existenz Gottes wäre jeder Glaube sinnlos. Ein Glaube ohne Überzeugung ist kein Glaube. Da wir aber gerade diese Existenz nie beweisen können, ist der Glaube tatsächlich sinnlos. Was sinnlos ist, kann nur ein Irrglaube, also ein Irrtum sein.

Kants Fragestellung in der Kritik der reinen Vernunft geht also weit über akademisches Philosophieren und Metaphysik hinaus, wie etwa die berühmte Diskussion, wie viele Engel auf einer Nadelspitze Platz finden, sondern sie trifft eine der ältesten und wichtigsten Fragen der Menschheit:

Gibt es einen Gott oder nicht - und wenn ja, wie ist dessen Name?

Über diese Frage wurden und werden immer noch die blutigsten aller Kriege mit Feuer und Schwert ausgetragen, obwohl es genügen würde, einige Seiten bei Immanuel Kant nachzulesen um die Frage endgültig und für immer zu beantworten.

Die allgemein übliche Unterscheidung zwischen Glauben und Wissen, Religion und Wissenschaft ist ein leicht durchschaubares Täuschungsmanöver der Priester und Theologen. So behaupten sie, seit ihnen die Aufklärung*) und vor allem Kant die Grundlage der Metaphysik entzogen hatte, der Glaube unterliege nicht den Kriterien der Wissenschaft, könne also unabhängig von dieser, ja sogar auf einer höheren Ebene als diese existieren. Diese Frage hat Kant nicht näher untersucht, wahrscheinlich weil ihm die Theologie wesensfremd war. Dies macht auch die folgende Anekdote aus seinem Leben deutlich:

Wenn Lehrkörper und Studentenschaft der Königsberger Universität am "dies academicus" in feierlicher Aufstellung von der Aula zur Kirche zogen, um bei dieser Gelegenheit die Einheit von akademischer und religiöser Gemeinde vorzugeben, dann pflegte Kant vor dem Kirchenportal demonstrativ aus der Reihe zu treten und um die Kirche herum den Weg nach Hause einzuschlagen (2).

Kant vermeidet es auch - wahrscheinlich aus Rücksicht auf die zu seiner Zeit immer noch übermächtige Theologie in Kreisen der Politik und Wissenschaft - den in seinen Schriften schlau versteckten Atheismus offen zu thematisieren und diesbezüglich Klartext zu sprechen. Vielleicht ist dies ein Grund dafür, dass allgemein die Meinung entstanden ist, Kants Sprache sei antiquiert und in ihrer Kompliziertheit unverständlich. Das

Gegenteil ist richtig! Kant versteht es, komplizierte Gedanken in kristallklaren Formulierungen auf den Punkt zu bringen und vor allem Irrtümer, Täuschungen und verschwommene Ausdrücke zu enttarnen. Er ist kein "Zertrümmerer" von gängigen Überlieferungen, sondern der geniale, vielleicht sogar genialste Wegbereiter in eine neue Welt des klaren Denkens.

Der Glaube kann auch nicht dadurch gerechtfertigt werden, dass man sich einfach immer so verhält, als würde ein Gott existieren. Also ohne die Existenzfrage zu entscheiden, die Hypothese der Existenz als Voraussetzung des praktischen Lebens einfach anzunehmen. Diesen "pragmatischen" Ausweg vom Atheismus hatte sogar Kant selbst in seiner "Kritik der praktischen Vernunft", vielleicht im Gedanken an seinen ohne einen Gott unglücklichen Diener Lampe vorgeschlagen, so wie es Heinrich Heine in dessen Gedanken zur Geschichte der Religion und Philosophie treffend parodiert hat. Seit Martin Luther wissen wir aber, dass nicht die Werke, also das praktische Verhalten den Menschen vor Gott rechtfertigen, sondern einzig und allein der Glaube.

Anmerkung

Alle Quellenangaben (Kindle Locations) beziehen sich auf das folgende eBook:

Immanuel Kant. Kritik der reinen Vernunft / Zweite hin und wieder verbesserte Auflage (1787)
http:// gutenberg.net

Damit weicht dieses Buch bewusst von der in der Kant-Literatur bisher üblichen Quellen-Definition mittels Band, Seiten, Absatz oder Zeilennummer in irgendwelchen bestimmten historischen gedruckten Ausgaben ab. Schließlich sind wir heute im Zeitalter des Internet, welches die Recherche ja revolutioniert und damit sehr erleichtert hat!

Texte des Autors sind durch größere Schrift (14 pt) und Fettdruck von den Originaltexten Kants, wie sie hier in der Fassung des genannten eBooks wiedergegeben werden, abgegrenzt. Literaturhinweise sind durch Doppelklammern () gekennzeichnet und verweisen auf das Literaturverzeichnis am Ende des Buches.

*) „Aufklärung ist der Ausgang des Menschen aus seiner selbstverschuldeten Unmündigkeit. (Abhandlung „Beantwortung der Frage: Was ist Aufklärung?" 1784)

Transzendenz

Ich nenne alle Erkenntnis transzendental, die sich nicht sowohl mit Gegenständen, sondern mit unserer Erkenntnisart von Gegenständen, insofern diese a priori möglich sein soll, überhaupt beschäftigt. Ein System solcher Begriffe würde Transzendental-Philosophie heißen.
(Kindle Locations 664-665).

Zur Kritik der reinen Vernunft gehört demnach alles, was die Transzendental-Philosophie ausmacht, und sie ist die vollständige Idee der Transzendental-Philosophie, aber diese Wissenschaft noch nicht selbst; weil sie in der Analysis nur so weit geht, als es zur vollständigen Beurteilung der synthetischen Erkenntnis a priori erforderlich ist.

(Kindle Locations 692-694).

Antinomien

Kants Genie zeigt sich bei der Auflösung der Antinomien in großartiger Form, diese vier Antinomien sind der eigentliche Kern und das Resultat der Kantschen Kritik. Antinomien sind widersprüchliche Sätze, bei denen aber nicht ohne weiteres entschieden werden kann, welcher der Sätze wahr und welcher falsch ist. Kant gibt für beide Aussagen auch den

Beweis, aber dann zeigt er nun, dass es weder wahr noch falsch geben kann, weil die in diesen Sätzen verwendeten Begriffe überhaupt nicht korrekt definiert werden können.

Ich nenne alle transzendentalen Ideen, sofern sie die absolute Totalität in der Synthesis der Erscheinungen betreffen, Weltbegriffe, teils wegen eben dieser unbedingten Totalität, worauf auch der Begriff des Weltganzen beruht, der selbst nur eine Idee ist, teils weil sie lediglich auf die Synthesis der Erscheinungen, mithin die empirische, gehen, da hingegen die absolute Totalität, in der Synthesis der Bedingungen aller möglichen Dinge überhaupt, ein Ideal der reinen Vernunft veranlassen wird, welches von dem Weltbegriffe gänzlich unterschieden ist, ob es gleich darauf in Beziehung steht.

   (Kindle Locations 4458-4462).

Daher, so wie die Paralogismen der reinen Vernunft den Grund zu einer dialektischen Psychologie legten, so wird die Antinomie der reinen Vernunft die transzendentalen Grundsätze einer vermeinten reinen (rationalen) Kosmologie vor Augen stellen, nicht, um sie gültig zu finden und sich zuzueignen, sondern, wie es auch schon die Benennung von einem Widerstreit der Vernunft anzeigt, um sie als eine Idee, die sich mit Erscheinungen nicht vereinbaren läßt, in ihrem blendenden aber falschen Scheine darzustellen.

   (Kindle Locations 4462-4466).

Der Anfang von Raum und Zeit

Die Antinomie der reinen Vernunft Erster Widerstreit der transzendentalen Ideen

Thesis

Die Welt hat einen Anfang in der Zeit, und ist dem Raum nach auch in Grenzen eingeschlossen.

(Kindle Locations 4630-4631).

Antithesis

Die Welt hat keinen Anfang, und keine Grenzen im Raume, sondern ist, sowohl in Ansehung der Zeit, als des Raumes, unendlich.

(Kindle Locations 4647-4648).

Materie

Der Antinomie der reinen Vernunft

Zweiter Widerstreit der transzendentalen Ideen

Thesis

Eine jede zusammengesetzte Substanz in der Welt besteht aus einfachen Teilen, und es existiert überall nichts als das Einfache, oder das, was aus diesem zusammengesetzt ist.

(Kindle Locations 4716-4718).

Antithesis

Kein zusammengesetztes Ding in der Welt besteht aus einfachen Teilen, und es existiert überall nichts Einfaches in derselben.

(Kindle Locations 4727-4728).

Kausalität oder Freiheit

Der Antinomie der reinen Vernunft

Dritter Widerstreit der transzendentalen Ideen

Thesis

Die Kausalität nach Gesetzen der Natur ist nicht die einzige, aus welcher die Erscheinungen der Welt insgesamt abgeleitet werden können. Es ist noch eine Kausalität durch Freiheit zur Erklärung derselben anzunehmen notwendig.

(Kindle Locations 4797-4799).

Antithesis

Es ist keine Freiheit , sondern alles in der Welt geschieht lediglich nach Gesetzen der Natur.

(Kindle Locations 4811-4812).

John Locke, David Hume

Der berühmte Locke hatte, aus Ermangelung dieser Betrachtung, und weil er reine Begriffe des Verstandes in der Erfahrung antraf, sie auch von der Erfahrung abgeleitet, und verfuhr doch so inkonsequent, daß er damit Versuche zu Erkenntnissen wagte, die weit über alle Erfahrungsgrenze hinausgehen. David Hume erkannte, um das letztere tun zu können, sei es notwendig, daß diese Begriffe ihren Ursprung a priori haben müßten. Da er sich aber gar nicht erklären konnte, wie es möglich sei, daß der Verstand Begriffe, die an sich im Verstande nicht verbunden sind, doch als im Gegenstande notwendig verbunden denken müsse, und darauf nicht verfiel, daß vielleicht der Verstand durch diese Begriffe selbst Urheber der Erfahrung, worin seine Gegenstände angetroffen werden, sein könne, so leitete er sie, durch Not gedrungen, von der Erfahrung ab (nämlich von einer durch öftere Assoziation in der Erfahrung entsprungenen subjektiven Notwendigkeit, welche zuletzt fälschlich für objektiv gehalten wird, d.i. der Gewohnheit), verfuhr aber hernach sehr konsequent, darin, daß er es für unmöglich erklärte, mit diesen Begriffen und den Grundsätzen, die sie veranlassen, über die Erfahrungsgrenze hinauszugehen. Die empirische Ableitung aber, worauf beide verfielen, läßt sich mit der Wirklichkeit der wissenschaftlichen Erkenntnisse a priori, die wir haben, nämlich der reinen Mathematik und allgemeinen Naturwissenschaft, nicht vereinigen, und wird also durch das Faktum widerlegt. Der erste dieser beiden berühmten Männer öffnete der Schwärmerei Tür und Tor, weil die Vernunft, wenn sie einmal Befugnisse auf ihrer Seite hat, sich nicht mehr durch unbestimmte Anpreisungen der Mäßigung in Schranken halten läßt; der zweite ergab sich gänzlich dem Skeptizismus, da er einmal eine so allgemeine für Vernunft gehaltene Täuschung unseres Erkenntnisvermögens glaubte entdeckt zu haben. Wir sind jetzt im Begriffe einen Versuch zu machen, ob man nicht die menschliche Vernunft zwischen diesen beiden Klippen glücklich durchbringen, ihr bestimmte Grenzen anweisen, und dennoch das ganze Feld ihrer zweckmäßigen Tätigkeit für sie geöffnet erhalten können.

(Kindle Locations 1575-1585).

David Hume vertrat in seinem "Enquiry Concerning Human Understanding" unter anderem die Ansicht, dass Kausalität nur eine aus der Erfahrung abgeleitete Hypothese sei, während Kant sie als Kategorie des Denkens unabhängig von Erfahrung begründen möchte.

Das "Urwesen"

Der Antinomie der reinen Vernunft

Vierter Widerstreit der transzendentalen Ideen

Thesis

Zu der Welt gehört etwas, das, entweder als ihr Teil, oder ihre Ursache, ein schlechthin notwendiges Wesen ist.

(Kindle Locations 4872-4873).

Antithesis

Es existiert überall kein schlechthin notwendiges Wesen, weder in der Welt, noch außer der Welt, als ihre Ursache.

(Kindle Locations 4887-4888).

Gott

Des dritten Hauptstücks Dritter Abschnitt

Von den Beweisgründen der spekulativen Vernunft, auf das Dasein eines höchsten Wesens zu schließen

(Kindle Locations 6110-6111).

Gottesbeweise

Es sind nur drei Beweisarten vom Dasein Gottes aus spekulativer Vernunft möglich.

Alle Wege, die man in dieser Absicht einschlagen mag, fangen entweder von der bestimmten Erfahrung und der dadurch erkannten besonderen Beschaffenheit unserer Sinnenwelt an, und steigen von ihr nach Gesetzen der Kausalität bis zur höchsten Ursache außer der Welt hinauf: oder sie legen nur unbestimmte Erfahrung, d.i. irgendein Dasein, empirisch zum Grunde, oder sie abstrahieren endlich von aller Erfahrung, und schließen gänzlich a priori aus bloßen Begriffen auf das Dasein einer höchsten Ursache. Der erste Beweis ist der physikotheologische , der zweite der kosmologische, der dritte der ontologische Beweis. Mehr gibt es ihrer nicht, und mehr kann es auch nicht geben.

(Kindle Locations 6178-6183).

Des dritten Hauptstücks Vierter Abschnitt

Von der Unmöglichkeit eines ontologischen Beweises vom Dasein Gottes

(Kindle Locations 6189-6190).
Der Begriff eines höchsten Wesens ist eine in mancher Absicht sehr nützliche Idee; sie ist aber eben darum, weil sie bloß Idee ist, ganz unfähig, um vermittelst ihrer allein unsere Erkenntnis in Ansehung dessen, was existiert, zu erweitern. Sie vermag nicht einmal so viel, daß sie uns in Ansehung der Möglichkeit eines Mehreren belehrte. Das analytische Merkmal der Möglichkeit, das darin besteht, daß bloße Positionen (Realitäten) keinen Widerspruch erzeugen, kann ihm zwar nicht gestritten werden; da aber die Verknüpfung aller realen Eigenschaften in einem Dinge eine Synthesis ist, über deren Möglichkeit wir a priori nicht urteilen können, weil uns die Realitäten spezifisch nicht gegeben sind, und, wenn dieses auch geschähe, überall gar kein Urteil darin stattfindet, weil das Merkmal der Möglichkeit synthetischer Erkenntnisse immer nur in der Erfahrung gesucht werden muß, zu welcher aber der Gegenstand einer Idee nicht gehören kann; so hat der berühmte Leibniz bei weitem das nicht geleistet, wessen er sich schmeichelte, nämlich eines so erhabenen idealischen Wesens Möglichkeit a priori einsehen zu wollen. Es ist also an dem so berühmten ontologischen (Cartesianischen) Beweise, vom Dasein eines höchsten Wesens, aus Begriffen,

alle Mühe und Arbeit verloren, und ein Mensch möchte wohl ebensowenig aus bloßen Ideen an Einsichten reicher werden, als ein Kaufmann an Vermögen, wenn er, um seinen Zustand zu verbessern, seinem Kassenbestande einige Nullen anhängen wollte.

(Kindle Locations 6286-6296).

Nach Kant ist es unmöglich, ein synthetisches Urteil "Gott existiert" zu formulieren, weil dieses nicht durch Erfahrung begründet werden kann.

Des dritten Hauptstücks Fünfter Abschnitt
Von der Unmöglichkeit eines kosmologischen Beweises vom Dasein Gottes

(Kindle Location 6297).

Des dritten Hauptstücks Sechster Abschnitt
Von der Unmöglichkeit des physikotheologischen Beweises

(Kindle Locations 6465-6466).

Die gegenwärtige Welt eröffnet uns einen so unermeßlichen Schauplatz von Mannigfaltigkeit, Ordnung, Zweckmäßigkeit und Schönheit, man mag diese nun in der Unendlichkeit des Raumes, oder in der unbegrenzten Teilung desselben verfolgen, daß selbst nach den Kenntnissen, welche unser schwacher Verstand davon hat erwerben können, alle Sprache, über so viele und unabsehlich große Wunder, ihren Nachdruck, alle Zahlen ihre Kraft zu messen, und Selbst unsere Gedanken alle Begrenzung vermissen, so, daß sich unser Urteil vom Ganzen in ein sprachloses, aber desto beredteres Erstaunen auflösen muß. Allerwärts sehen wir eine Kette von Wirkungen und Ursachen, von Zwecken und den Mitteln, Regelmäßigkeit im Entstehen oder Vergehen, und, indem nichts von selbst in den Zustand getreten ist, darin es sich befindet, so weist er immer weiter hin nach einem anderen Dinge, als seiner Ursache, welche gerade eben dieselbe weitere Nachfrage notwendig macht, so, daß auf solche Weise das ganze All im Abgrunde des Nichts versinken müßte, nähme man nicht etwas an, das außerhalb diesem unendlichen Zufälligen, für sich selbst ursprünglich und unabhängig bestehend, dasselbe hielte, und als die Ursache seines Ursprungs ihm zugleich seine Fortdauer sicherte. Diese höchste Ursache (in Ansehung aller Dinge der Welt) wie groß soll man sie sich denken? Die Welt kennen wir nicht ihrem ganzen Inhalte nach, noch weniger wissen wir ihre Größe durch die Vergleichung mit allem, was möglich ist, zu schätzen. Was hindert uns aber, daß, da wir einmal in Absicht auf Kausalität ein äußerstes und oberstes Wesen bedürfen, wir es nicht zugleich dem Grade der Vollkommenheit nach über alles andere Mögliche setzen sollten? welches wir leicht, obzwar freilich nur durch den zarten Umriß eines abstrakten Begriffs, bewerkstelligen können, wenn wir uns in ihm, als einer einigen Substanz, alle mögliche Vollkommenheit vereinigt vorstellen; welcher Begriff der Forderung unserer Vernunft in der Ersparung der Prinzipien günstig, in sich selbst keinen Widersprüchen unterworfen und selbst der Erweiterung des Vernunftgebrauchs mitten in der Erfahrung, durch die Leitung, welche eine solche Idee auf Ordnung und Zweckmäßigkeit gibt, zuträglich, nirgend aber einer Erfahrung auf entschiedene Art zuwider ist.

(Kindle Locations 6481-6497).

Die transzendentale Theologie bleibt demnach, aller ihrer Unzulänglichkeit ungeachtet, dennoch von wichtigem negativen Gebrauche, und ist eine beständige Zensur unserer Vernunft, wenn sie bloß mit reinen Ideen zu tun hat, die eben darum kein anderes, als transzendentales Richtmaß zulassen. Denn, wenn einmal, in anderweitiger, vielleicht praktischer Beziehung, die Voraussetzung eines höchsten und allgenugsamen Wesens, als oberster Intelligenz, ihre Gültigkeit ohne Widerrede behauptete: so wäre es von der größten Wichtigkeit, diesen Begriff auf seiner transzendentalen Seite, als den Begriff eines notwendigen und allerrealsten Wesens, genau zu bestimmen, und, was der höchsten Realität zuwider ist, was zur bloßen Erscheinung (dem Anthropomorphismus im weiteren Verstande) gehört, wegzuschaffen, und zugleich alle entgegengesetzten Behauptungen, sie mögen nun atheistisch, oder deistisch, oder anthropomorphistisch sein, aus dem Wege zu räumen; welches in einer solchen kritischen Behandlung sehr leicht ist, indem dieselben Gründe, durch welche das Unvermögen der menschlichen Vernunft, in Ansehung der Behauptung des Daseins eines dergleichen Wesens, vor Augen gelegt wird, notwendig auch zureichen, um die Untauglichkeit einer jeden Gegenbehauptung zu beweisen. Denn, wo will jemand durch reine Spekulation der Vernunft die Einsicht hernehmen, daß es kein höchstes Wesen, als Urgrund von Allem, gebe , oder daß ihm keine von den Eigenschaften zukomme, welche wir, ihren Folgen nach, als analogisch mit den dynamischen Realitäten eines denkenden Wesens, uns vorstellen, oder daß sie, in dem letzteren Falle, auch allen Einschränkungen unterworfen sein müßten, welche die Sinnlichkeit den Intelligenzen, die wir durch Erfahrung kennen, unvermeidlich auferlegt.

Das höchste Wesen bleibt also für den bloß spekulativen Gebrauch der Vernunft ein bloßes, aber doch fehlerfreies Ideal, ein Begriff, welcher die ganze menschliche Erkenntnis schließt und krönt, dessen objektive Realität auf diesem Wege zwar nicht bewiesen, aber auch nicht widerlegt werden kann, und, wenn es eine Moraltheologie geben sollte, die diesen Mangel ergänzen kann, so beweist alsdann die vorher nur problematische transzendentale Theologie ihre Unentbehrlichkeit, durch Bestimmung ihres Begriffs und unaufhörliche Zensur einer durch Sinnlichkeit oft genug getäuschten und mit ihren eigenen Ideen nicht immer einstimmigen Vernunft. Die Notwendigkeit, die Unendlichkeit, die Einheit, das Dasein außer der Welt (nicht als Weltseele), die Ewigkeit, ohne Bedingungen der Zeit, die Allgegenwart, ohne Bedingungen des Raumes, die Allmacht usw. sind lauter transzendentale Prädikate, und daher kann der gereinigte Begriff derselben, den eine jede Theologie so sehr nötig hat, bloß aus der transzendentalen gezogen werden.

(Kindle Locations 6664-6678).

Kant postuliert hierin eindeutig, dass die Existenz Gottes weder bewiesen noch widerlegt werden könne. Die Lehre davon fällt laut Kant in den Bereich einer transzendentalen Theologie, die keine Verbindung zur Realität besitzt.

Die Idee Gottes erzeugt noch keine Realität

Des dritten Hauptstücks Siebenter Abschnitt

Kritik aller Theologie aus spekulativen Prinzipien der Vernunft

Wenn ich unter Theologie die Erkenntnis des Urwesens verstehe, so ist sie entweder die aus bloßer Vernunft (theologia rationalis) oder aus Offenbarung (revelata). Die erstere denkt sich nun ihren Gegenstand entweder bloß durch reine Vernunft, vermittelst lauter transzendentaler Begriffe, (ens originarium, realissimum, ens entium,) und heißt die transzendentale Theologie, oder durch einen Begriff, den sie aus der Natur (unserer Seele) entlehnt, als die **höchste Intelligenz**, und müßte die natürliche Theologie heißen.

(Kindle Locations 6570-6574).

Anhang zur transzendentalen Dialektik

Von dem regulativen Gebrauch der Ideen der reinen Vernunft

(Kindle Locations 6678-6679).

Von der Endabsicht der natürlichen Dialektik der menschlichen Vernunft

(Kindle Locations 6943-6944).

Wenn man nun zeigen kann, daß, obgleich die dreierlei transzendentalen Ideen (psychologische, kosmologische, und theologische) direkt auf keinen ihnen korrespondierenden Gegenstand und dessen Bestimmung bezogen werden, dennoch alle Regeln des empirischen Gebrauchs der Vernunft unter Voraussetzung eines solchen Gegenstandes in der Idee auf systematische Einheit führen und die Erfahrungserkenntnis jederzeit erweitern, niemals aber derselben zuwider sein können: so ist es eine notwendige Maxime der Vernunft, nach dergleichen Ideen zu verfahren.

(Kindle Locations 6965-6969).

Dieser Satz ist ein Musterbeispiel für Kants praktisch unverständliche "Endlossätze". Er selbst scheint sich der schwer verständlichen Ausdrucksweise bewußt zu werden, wenn er kurz darauf schreibt:

Ich will dieses deutlicher machen.

(Kindle Location 6972).

Wenn wir demnach solche idealische Wesen annehmen, so erweitern wir eigentlich nicht unsere Erkenntnis über die Objekte möglicher Erfahrung, sondern nur die empirische Einheit der letzteren, durch die systematische Einheit, wozu uns die Idee das Schema gibt, welche mithin nicht als konstitutives, sondern bloß als regulatives Prinzip gilt. Denn, daß wir ein der Idee korrespondierendes Ding, ein Etwas, oder wirkliches Wesen setzen, dadurch ist nicht gesagt, wir wollten unsere Erkenntnis der Dinge mit transzendenten Begriffen erweitern; denn dieses Wesen wird nur in der Idee und nicht an sich selbst zum Grunde gelegt, mithin nur um die systematische Einheit auszudrücken, die uns zur Richtschnur des empirischen Gebrauchs der Vernunft dienen soll, ohne doch etwas darüber auszumachen, was der Grund dieser Einheit, oder die innere Eigenschaft eines solchen Wesens sei, auf welchem, als Ursache, sie beruhe.

(Kindle Locations 6998-7004).

Die Einteilung der transzendentalen Ideen in psychologische, kosmologische, und theologische entspricht derjenigen in den Antinomien der Vernunft:

> Nun ist nicht das mindeste , was uns hindert, diese Ideen auch als objektiv und hypostatisch anzunehmen, außer allein die kosmologische, wo die Vernunft auf eine Antinomie stößt, wenn sie solche zustande bringen will (die psychologische und theologische enthalten dergleichen gar nicht). Denn ein Widerspruch ist in ihnen nicht, wie sollte uns daher jemand ihre objektive Realität streiten können, da er von ihrer Möglichkeit ebensowenig weiß, um sie zu verneinen, als wir, um sie zu bejahen.
>
> (Kindle Locations 6987-6990).

Auflösung der Antinomien

Wir haben die glänzenden Anmaßungen der ihr Gebiet über alle Grenzen der Erfahrung erweiternden Vernunft nur in trockenen Formeln, welche bloß den Grund ihrer rechtlichen Ansprüche enthalten, vorgestellt, und, wie es einer Transzendentalphilosophie geziemt, diese von allem Empirischen entkleidet, obgleich die ganze Pracht der Vernunftbehauptungen nur in Verbindung mit demselben hervorleuchten kann. In dieser Anwendung aber, und der fortschreitenden Erweiterung des Vernunftgebrauchs, indem sie von dem Felde der Erfahrungen anhebt, und sich bis zu diesen erhabenen Ideen allmählich hinaufschwingt, zeigt die

Philosophie eine Würde, welche, wenn sie ihre Anmaßungen nur behaupten könnte, den Wert aller anderen menschlichen Wissenschaft weit unter sich lassen würde, indem sie die Grundlage zu unseren größten Erwartungen und Aussichten auf die letzten Zwecke, in welchen alle Vernunftbemühungen sich endlich vereinigen müssen, verheißt.

Die Fragen: ob die Welt einen Anfang und irgendeine Grenze ihrer Ausdehnung im Raume habe, ob es irgendwo und vielleicht in meinem denkenden Selbst eine unteilbare und unzerstörliche Einheit, oder nichts als das Teilbare und Vergängliche gebe, ob ich in meinen Handlungen frei, oder, wie andere Wesen, an dem Faden der Natur und des Schicksals geleitet sei, ob es endlich eine oberste Weltursache gebe, oder die Naturdinge und deren Ordnung den letzten Gegenstand ausmachen, bei dem wir in allen unseren Betrachtungen stehenbleiben müssen: das sind Fragen, um deren Auflösung der Mathematiker gerne seine ganze Wissenschaft dahingäbe; denn diese kann ihm doch in Ansehung der höchsten und angelegentsten Zwecke der Menschheit keine Befriedigung verschaffen. Selbst die eigentliche Würde der Mathematik (dieses Stolzes der menschlichen Vernunft) beruht darauf, daß, da sie der Vernunft die Leitung gibt, die Natur im Großen sowohl als im Kleinen in ihrer Ordnung und Regelmäßigkeit, imgleichen in der bewunderungswürdigen Einheit der sie bewegenden Kräfte, weit über alle Erwartung der auf gemeine Erfahrung bauenden Philosophie einzusehen , sie dadurch selbst zu dem über alle Erfahrung erweiterten Gebrauch der Vernunft, Anlaß und Aufmunterung gibt, imgleichen die damit beschäftigte Weltweisheit mit den vortrefflichsten Materialien versorgt, ihre Nachforschung, so viel deren Beschaffenheit es erlaubt, durch angemessene Anschauungen zu unterstützen.

(Kindle Locations 4958-4974).

Nach der Überweisung eines solchen Fehltritts, des gemeinschaftlich zum Grunde (der kosmologischen Behauptungen) gelegten Arguments, können beide streitenden Teile mit Recht, als solche, die ihre Forderung auf keinen gründlichen Titel gründen, abgewiesen werden. Dadurch aber ist ihr Zwist noch nicht insofern geendigt, daß sie überführt worden wären, sie, oder einer von beiden, hätte in der Sache selbst, die er behauptet, (im Schlußsatze) Unrecht, wenn er sie gleich nicht auf tüchtige Beweisgründe zu bauen wußte. Es scheint doch nichts klarer, als daß von zweien, deren der eine behauptet: die Welt hat einen Anfang, der andere: die Welt hat keinen Anfang, sondern sie ist von Ewigkeit her, doch einer Recht haben müsse. Ist aber dieses, so ist es, weil die Klarheit auf beiden Seiten gleich ist, doch unmöglich, jemals auszumitteln, auf welcher Seite das Recht sei, und der Streit dauert nach wie vor, wenn die Parteien gleich bei dem Gerichtshofe der Vernunft zur Ruhe verwiesen worden. Es bleibt also kein Mittel übrig, den Streit gründlich und zur Zufriedenheit beider Teile zu endigen, als daß, da sie einander doch so schön widerlegen können, sie endlich überführt werden, daß sie um nichts streiten, und ein gewisser transzendentaler Schein ihnen da eine Wirklichkeit vorgemalt habe, wo keine anzutreffen ist. Diesen Weg der Beilegung eines nicht abzuurteilenden Streits wollen wir jetzt einschlagen.

(Kindle Locations 5326-5336).

Wenn man die zwei Sätze: die Welt ist der Größe nach unendlich, die Welt ist ihrer Größe nach endlich, als einander kontradiktorisch entgegengesetzte ansieht, so nimmt man an, daß die Welt (die ganze Reihe der Erscheinungen) ein Ding an sich selbst sei. Denn sie bleibt, ich mag den unendlichen oder endlichen Regressus in der Reihe ihrer Erscheinungen aufheben.

(Kindle Locations 5361-5364).

Nehme ich aber diese Voraussetzung, oder diesen transzendentalen Schein weg, und leugne, daß sie ein Ding an sich selbst sei, so verwandelt sich der kontradiktorische Widerstreit beider Behauptungen in einen bloß dialektischen, und weil die Welt gar nicht an sich (unabhängig von der regressiven Reihe meiner Vorstellungen) existiert, so existiert sie weder als ein an sich unendliches, noch als ein an sich endliches Ganzes. Sie ist nur im empirischen Regressus der Reihe der Erscheinungen und für sich selbst gar nicht anzutreffen. Daher, wenn diese jederzeit bedingt ist, so ist sie niemals ganz gegeben, und die Welt ist also kein unbedingtes Ganzes, existiert also auch nicht als ein solches, weder mit unendlicher, noch endlicher Größe. Was hier von der ersten kosmologischen Idee, nämlich der absoluten Totalität der Größe in der Erscheinung gesagt worden, gilt auch von allen übrigen. Die Reihe der Bedingungen ist nur in der regressiven Synthesis selbst, nicht aber an sich in der Erscheinung, als einem eigenen, vor allem Regressus gegebenen Dinge, anzutreffen. Daher werde ich auch sagen müssen: die Menge der Teile in einer gegebenen Erscheinung ist an sich weder endlich, noch unendlich, weil Erscheinung nichts an sich selbst Existierendes ist, und die Teile allererst durch den Regressus der dekomponierenden Synthesis, und in demselben, gegeben werden, welcher Regressus niemals schlechthin ganz, weder als endlich, noch als unendlich gegeben ist. Eben das gilt von der Reihe der übereinander geordneten Ursachen, oder der bedingten bis zur unbedingt notwendigen Existenz, welche niemals weder an sich ihrer Totalität nach als endlich, noch als

unendlich angesehen werden kann, weil sie als Reihe subordinierter Vorstellungen nur im dynamischen Regressus besteht, vor demselben aber, und als für sich bestehende Reihe von Dingen, an sich selbst gar nicht existieren kann. So wird demnach die Antinomie der reinen Vernunft bei ihren kosmologischen Ideen gehoben, dadurch, daß gezeigt wird, sie sei bloß dialektisch und ein Widerstreit eines Scheins, der daher entspringt, daß man die Idee der absoluten Totalität, welche nur als eine Bedingung der Dinge an sich selbst gilt, auf Erscheinungen angewandt hat, die nur in der Vorstellung, und, wenn sie eine Reihe ausmachen, im sukzessiven Regressus , sonst aber gar nicht existieren. Man kann aber auch umgekehrt aus dieser Antinomie einen wahren, zwar nicht dogmatischen, aber doch so kritischen und doktrinalen Nutzen ziehen: nämlich die transzendentale Idealität der Erscheinungen dadurch indirekt zu beweisen, wenn jemand etwa an dem direkten Beweise in der transzendentalen Ästhetik nicht genug hätte. Der Beweis würde in diesem Dilemma bestehen. Wenn die Welt ein an sich existierendes Ganzes ist: so ist sie entweder endlich, oder unendlich. Nun ist das erstere sowohl als das zweite falsch (laut der oben angeführten Beweise der Antithesis, einer-, und der Thesis andererseits). Also ist es auch falsch, daß die Welt (der Inbegriff aller Erscheinungen) ein an sich existierendes Ganzes sei. Woraus denn folgt, daß Erscheinungen überhaupt außer unseren Vorstellungen nichts sind, welches wir eben durch die transzendentale Idealität derselben sagen wollten.
Diese Anmerkung ist von Wichtigkeit. Man sieht daraus, daß die obigen Beweise der vierfachen Antinomie nicht Blendwerke, sondern gründlich waren, unter der Voraussetzung nämlich, daß Erscheinungen oder eine Sinnenwelt, die sie insgesamt in sich begreift, Dinge an sich selbst wären. Der Widerstreit der daraus gezogenen Sätze entdeckt aber, daß in der Voraussetzung eine Falschheit liege, und bringt uns dadurch zu einer Entdeckung der

wahren Beschaffenheit der Dinge, als Gegenstände der Sinne. Die transzendentale Dialektik tut also keineswegs dem Skeptizism einigen Vorschub, wohl aber der skeptischen Methode, welche an ihr ein Beispiel ihres großen Nutzens aufweisen kann, wenn man die Argumente der Vernunft in ihrer größten Freiheit gegeneinander auftreten läßt, die, ob sie gleich zuletzt nicht dasjenige, was man suchte, dennoch jederzeit etwas Nützliches und zur Berichtigung unserer Urteile Dienliches, liefern werden.

(Kindle Locations 5386-5392).

Wenn Kant von der "Welt" spricht, so meint er damit das gesamte Universum. Dies geht auch aus folgender Textstelle hervor:

Was die übrigen betrifft, wenn er (der Dialektiker Zeno) unter dem Worte: Gott, das Universum verstand, so mußte er allerdings sagen: daß dieses weder in seinem Orte beharrlich gegenwärtig (in Ruhe) sei, noch denselben verändere (sich bewege), weil alle Örter nur im Univers, dieses selbst also in keinem Orte ist. Wenn das Weltall alles, was existiert, in sich faßt, so ist es auch sofern keinem anderen Dinge, weder ähnlich noch unähnlich, weil es außer ihm kein anderes Ding gibt, mit dem es könnte verglichen werden.

(Kindle Locations 5341-5345).

Kant behauptet nun, dass dem Begriff "Welt" kein "Ding an sich" entspricht, dass es sich also um einen transzendenten Begriff handelt, der nicht empirisch

erfahrbar ist:
"ein gewisser transzendentaler Schein ihnen da eine Wirklichkeit vorgemalt habe, wo keine anzutreffen ist".

Kritik der Kritik

Die folgende Kritik soll zeigen, dass es im Gegensatz zu Kants Auflösung der Antinomien auf Grund heutiger naturwissenschaftlicher Forschung möglich ist, zumindestens einige derselben klar für eine ihrer Thesen oder Antithesen zu entscheiden, somit zu eindeutig definierten und nicht nur transzendenten Begriffen und Sätzen zu gelangen.

Auf die kosmologische Frage also, wegen der Weltgröße, ist die erste und negative Antwort: die Welt hat keinen ersten Anfang der Zeit und keine äußerste Grenze dem Raume nach. Denn im entgegengesetzten Falle würde sie durch die leere Zeit einer-, und durch den leeren Raum andererseits begrenzt sein. Da sie nun, als Erscheinung, keines von beiden an sich selbst sein kann, denn Erscheinung ist kein Ding an sich selbst, so müßte eine Wahrnehmung der Begrenzung durch schlechthin leere Zeit, oder leeren Raum, möglich sein, durch welche diese Weltenden in einer möglichen Erfahrung gegeben wären. Eine solche Erfahrung aber, als völlig leer an Inhalt, ist unmöglich. Also ist eine absolute Weltgrenze empirisch, mithin auch schlechterdings unmöglich.

(Kindle Locations 5512-5517).

Hier hat die moderne Kosmologie eine völlig andere

Auffassung und stellt folgende Hypothese auf: der Kosmos ist zwar endlich aber zugleich unbegrenzt. Dieses Paradoxon ergibt sich aus der Theorie eines mehrdimensionalen Hyperraums:

"Wichtig ist der Unterschied zwischen *Unendlichkeit* und *Unbegrenztheit*: Auch wenn das Universum ein endliches Volumen besitzen würde, so könnte es dennoch unbegrenzt sein. Leicht anschaulich lässt sich dieses Modell folgendermaßen darstellen: eine Kugeloberfläche (Sphäre) ist endlich, besitzt aber keinen Mittelpunkt und ist unbegrenzt (man kann sich auf ihr fortbewegen, ohne jemals einen Rand zu erreichen). So wie eine zweidimensionale Kugeloberfläche eine dreidimensionale Kugel umhüllt, kann man, falls das Universum nicht flach, sondern gekrümmt ist, sich den dreidimensionalen Raum als „Rand" eines höherdimensionalen Raums vorstellen. Wohlgemerkt dient dies lediglich der Veranschaulichung, denn das Universum ist in der klassischen Kosmologie nicht in einen höherdimensionalen Raum eingebettet."

http://de.wikipedia.org/wiki/Universum

"Die Vorstellung von der unendlichen Ausdehnung des Weltalls ist durch die allgemeine Relativitätstheorie als falsch erkannt worden. Nach Einstein ist der Raum gekrümmt und die Raumkrümmung abhängig von der mittleren Dichte der im Raum enthaltenen Materie. Das Weltall ist geschlossen und endlich, aber unbegrenzt. Wegen der Fluchtbewegung der Galaxien nimmt die Materiedichte (und damit die Raumkrümmung) ständig ab. Der Radius des Weltalls ist daher nicht konstant, sondern nimmt stetig zu, das Weltall dehnt sich aus."

http://www.lunataker.de/astronomie_weltall.html

Nach Kant ist das Universum unbegrenzt, da es unmöglich ist sich eine Grenze vorzustellen. Was aber die Vorstellung einer "leeren Zeit" betrifft, so wird die These Kants ungültig, wenn man wie es heute Hypothese ist, annimmt dass die Zeit erst mit dem Ursprung der Welt, also mit dem Urknall entstanden ist. Es gab also vorher auch keine Zeit, somit ist die Zeit nach ihrem Ursprung hin endlich und hätte vor 13,7 Mrd. Jahren begonnen.

Kategorien

Des Leitfadens der Entdeckung aller reinen Verstandesbegriffe

Dritter Abschnitt

§ 10 Von den reinen Verstandesbegriffen oder Kategorien

Die allgemeine Logik abstrahiert, wie mehrmalen schon gesagt worden, von allem Inhalt der Erkenntnis, und erwartet, daß ihr anderwärts, woher es auch sei, Vorstellungen gegeben werden, um diese zuerst in Begriffe zu verwandeln, welches analytisch zugeht. Dagegen hat die transzendentale Logik ein Mannigfaltiges der Sinnlichkeit a priori vor sich liegen, welches die transzendentale Ästhetik ihr darbietet, um zu den reinen Verstandesbegriffen einen Stoff zu geben, ohne den sie ohne allen Inhalt, mithin völlig leer sein würde. Raum und Zeit enthalten nun ein Mannigfaltiges der reinen Anschauung a priori, gehören aber gleichwohl zu den Bedingungen der Rezeptivität unseres Gemüts, unter denen es allein Vorstellungen von Gegenständen empfangen kann, die mithin auch den Begriff derselben jederzeit affizieren müssen. Allein die Spontaneität unseres Denkens erfordert es, daß dieses Mannigfaltige zuerst auf gewisse Weise durchgegangen, aufgenommen, und verbunden werde, um daraus eine Erkenntnis zu machen. Diese Handlung nenne ich Synthesis.

Ich verstehe aber unter Synthesis in der allgemeinsten Bedeutung die Handlung, verschiedene Vorstellungen zueinander hinzuzutun, und ihre Mannigfaltigkeit in einer Erkenntnis zu begreifen. Eine solche Synthesis ist rein, wenn das Mannigfaltige nicht empirisch, sondern a priori gegeben ist (wie das im Raum und der Zeit). Vor aller Analysis unserer Vorstellungen müssen diese zuvor gegeben sein, und es können keine Begriffe dem Inhalte nach analytisch entspringen. Die Synthesis eines Mannigfaltigen aber (es sei empirisch oder a priori gegeben), bringt zuerst eine Erkenntnis hervor, die zwar anfänglich noch roh und verworren sein kann, und also der Analysis bedarf; allein die Synthesis ist doch dasjenige, was eigentlich die Elemente zu Erkenntnissen sammelt, und zu einem gewissen Inhalte vereinigt; sie ist also das erste, worauf wir acht zu geben haben, wenn wir über den ersten Ursprung unserer Erkenntnis urteilen wollen.

Die Synthesis überhaupt ist, wie wir künftig sehen werden, die bloße Wirkung der Einbildungskraft, einer blinden, obgleich unentbehrlichen Funktion der Seele, ohne die wir überall gar keine Erkenntnis haben würden, der wir uns aber selten nur einmal bewußt sind. Allein, diese Synthesis auf Begriffe zu bringen , das ist eine Funktion, die dem Verstande zukommt, und wodurch er uns allererst die Erkenntnis in eigentlicher Bedeutung verschafft.

Die reine Synthesis, allgemein vorgestellt, gibt nun den reinen Verstandesbegriff. Ich verstehe aber unter dieser Synthesis diejenige, welche auf einem Grunde der synthetischen Einheit a priori beruht: so ist unser Zählen (vornehmlich ist es in größeren Zahlen merklicher) eine Synthesis nach Begriffen, weil sie nach einem gemeinschaftlichen Grunde der Einheit geschieht (z.E. der Dekadik). Unter diesem Begriffe wird also die Einheit in der Synthesis des Mannigfaltigen notwendig.

Analytisch werden verschiedene Vorstellungen unter einen Begriff gebracht, (ein Geschäft, wovon die allgemeine Logik handelt). Aber nicht die Vorstellungen, sondern die reine Synthesis der Vorstellungen auf Begriffe zu bringen, lehrt die transz. Logik. Das erste, was uns zum Behuf der Erkenntnis aller Gegenstände a priori gegeben sein muß, ist das Mannigfaltige der reinen Anschauung; die Synthesis dieses Mannigfaltigen durch die Einbildungskraft ist das zweite, gibt aber noch keine Erkenntnis. Die Begriffe, welche dieser reinen Synthesis Einheit geben, und lediglich in der Vorstellung dieser notwendigen synthetischen Einheit bestehen, tun das dritte zum Erkenntnisse eines vorkommenden Gegenstandes, und beruhen auf dem Verstande.

Dieselbe Funktion, welche den verschiedenen Vorstellungen in einem Urteile Einheit gibt, die gibt auch der bloßen Synthesis verschiedene Vorstellungen in einer Anschauung Einheit, welche, allgemein ausgedrückt, der reine Verstandesbegriff heißt. Derselbe Verstand also, und zwar durch eben dieselben Handlungen, wodurch er in Begriffen, vermittelst der analytischen Einheit, die logische Form eines Urteils zustande brachte, bringt auch, vermittelst der synthetischen Einheit des Mannigfaltigen in der Anschauung überhaupt, in seine Vorstellungen einen transzendentalen Inhalt, weswegen sie reine Verstandesbegriffe heißen, die a priori auf Objekte gehen, welches die allgemeine Logik nicht leisten kann.

Auf solche Weise entspringen gerade so viel reine Verstandesbegriffe, welche a priori auf Gegenstände der Anschauung überhaupt gehen, als es in der vorigen Tafel logische Funktionen in allen möglichen Urteilen gab: denn der Verstand ist durch gedachte Funktionen völlig erschöpft, und sein Vermögen dadurch gänzlich ausgemessen. Wir wollen diese Begriffe, nach dem Aristoteles Kategorien nennen, indem unsere Absicht uranfänglich mit der seinigen zwar einerlei ist, ob sie sich gleich davon in der Ausführung gar sehr entfernt.

Tafel der Kategorien

1. Der Quantität:
Einheit
Vielheit
Allheit.

2. Der Qualität:
Realität
Negation
Limitation.

3. Der Relation:
der Inhärenz und Subsistenz
(*substantia et accidens*)
der Causalität und Dependenz
(Ursache und Wirkung)
der Gemeinschaft
(Wechselwirkung zwischen dem Handelnden und Leidenden).

4. Der Modalität:
Möglichkeit – Unmöglichkeit
Dasein – Nichtsein
Notwendigkeit – Zufälligkeit.

Immanuel Kant: AA III, 93– KrV B 106[4]

1. Der Quantität: Einheit Vielheit Allheit.
2. Der Qualität: Realität Negation Limitation
3. Der Relation: Realität der Inhärenz und Subsistenz (substantia et accidens) Negation der Kausalität und Dependenz (Ursache und Wirkung) Limitation. der Gemeinschaft (Wechselwirkung zwischen dem Handelnden und Leidenden).
4. Der Modalität: Möglichkeit - Unmöglichkeit, Dasein - Nichtsein, Notwendigkeit - Zufälligkeit.

Dieses ist nun die Verzeichnung aller ursprünglich reinen Begriffe der Synthesis, die der Verstand a priori in sich enthält, und um derentwillen er auch nur ein reiner Verstand ist; indem er durch sie allein etwas bei dem Mannigfaltigen der Anschauung verstehen, d.i. ein Objekt derselben denken kann . Diese Einteilung ist systematisch aus einem gemeinschaftlichen Prinzip, nämlich dem Vermögen zu urteilen, (welches ebensoviel ist, als das Vermögen zu denken,) erzeugt, und nicht rhapsodistisch, aus einer auf gut Glück unternommenen Aufsuchung reiner Begriffe entstanden, von deren Vollzähligkeit man niemals gewiß sein kann, da sie nur durch Induktion geschlossen wird, ohne zu gedenken, daß man noch auf die letztere Art niemals einsieht, warum denn gerade diese und nicht andere Begriffe dem reinen Verstande beiwohnen. Es war ein eines scharfsinnigen Mannes würdiger Anschlag des Aristoteles, diese Grundbegriffe aufzusuchen. Da er aber kein Prinzipium hatte, so raffte er sie auf, wie sie ihm aufstießen, und trieb deren zuerst zehn auf, die er Kategorien (Prädikamente) nannte. In der Folge glaubte er noch ihrer fünfe aufgefunden zu haben, die er unter dem Namen der Postprädikamente hinzufügte. Allein seine Tafel blieb noch immer mangelhaft. Außerdem finden sich auch einige modi der reinen Sinnlichkeit darunter, (quando, ubi, situs, imgleichen prius, simul,) auch ein empirischer, (motus) die in dieses Stammregister des Verstandes gar nicht gehören, oder es sind auch die abgeleiteten Begriffe mit unter die Urbegriffe gezählt, (actio, passio,) und an einigen der letzteren fehlt es gänzlich.

Um der letzteren willen ist also noch zu bemerken: daß die Kategorien , als die wahren Stammbegriffe des reinen Verstandes, auch ihre ebenso reinen abgeleiteten Begriffe haben, die in einem vollständigen System der Transzendental-Philosophie keineswegs übergangen werden können, mit deren bloßer Erwähnung aber ich in einem bloß kritischen Versuch zufrieden sein kann.

Es sei mir erlaubt, diese reinen, aber abgeleiteten Verstandesbegriffe die Prädikabilien des reinen Verstandes (im Gegensatz der Prädikamente) zu nennen. Wenn man die ursprünglichen und primitiven Begriffe hat, so lassen sich die abgeleiteten und subalternen leicht hinzufügen, und der Stammbaum des reinen Verstandes völlig ausmalen.

(Kindle Locations 1336-1394).

folglich wird die objektive Gültigkeit der Kategorien, als Begriffe a priori, darauf beruhen, daß durch sie allein Erfahrung (der Form des Denkens nach) möglich sei. Denn alsdann beziehen sie sich notwendigerweise und a priori auf Gegenstände der Erfahrung, weil nur vermittelst ihrer überhaupt irgendein Gegenstand der Erfahrung gedacht werden kann.

(Kindle Locations 1563-1565).

Kategorien sind also Begriffe, die dem Denken selbst also ohne Zuhilfenahme einer Erfahrung entspringen.

Durch sie allein kann die Erfahrung vom Denken verarbeitet werden.

Ursache

Die Kategorien des Verstandes dagegen stellen uns gar nicht die Bedingungen vor, unter denen Gegenstände in der Anschauung gegeben werden, mithin können uns allerdings Gegenstände erscheinen, ohne daß sie sich notwendig auf Funktionen des Verstandes beziehen müssen, und dieser also die Bedingungen derselben a priori enthielte. Daher zeigt sich hier eine Schwierigkeit, die wir im Felde der Sinnlichkeit nicht antrafen, wie nämlich subjektive Bedingungen des Denkens sollten objektive Gültigkeit haben, d.i. Bedingungen der Möglichkeit aller Erkenntnis der Gegenstände abgeben: denn ohne Funktionen des Verstandes können allerdings Erscheinungen in der Anschauung gegeben werden. Ich nehme z.B. den Begriff der Ursache, welcher eine besondere Art der Synthesis bedeutet, da auf etwas A was ganz verschiedenes B nach einer Regel gesetzt wird. Es ist a priori nicht klar, warum Erscheinungen etwas dergleichen enthalten sollten, (denn Erfahrungen kann man nicht zum Beweise anführen , weil die objektive Gültigkeit dieses Begriffs a priori muß dargetan werden können,) und es ist daher a priori zweifelhaft, ob ein solcher Begriff nicht etwa gar leer sei und überall unter den Erscheinungen keinen Gegenstand antreffe. Denn daß Gegenstände der sinnlichen Anschauung den im Gemüt a priori liegenden formalen Bedingungen der Sinnlichkeit gemäß sein müssen, ist daraus klar, weil sie sonst nicht Gegenstände für uns sein würden; daß sie aber auch

(Kindle Locations 1523-1533).

überdem den Bedingungen, deren der Verstand zur synthetischen Einsicht des Denkens bedarf, gemäß sein müssen, davon ist die Schlußfolge nicht so leicht einzusehen. Denn es könnten wohl allenfalls Erscheinungen so beschaffen sein, daß der Verstand sie den Bedingungen seiner Einheit gar nicht gemäß fände, und alles so in Verwirrung läge, daß z.B. in der Reihenfolge der Erscheinungen sich nichts darböte, was eine Regel der Synthesis an die Hand gäbe, und also dem Begriffe der Ursache und Wirkung entspräche, so daß dieser Begriff also ganz leer, nichtig und ohne Bedeutung wäre. Erscheinungen würden nichtsdestoweniger unserer Anschauung Gegenstände darbieten, denn die Anschauung bedarf der Funktionen des Denkens auf keine Weise. Gedächte man sich von der Mühsamkeit dieser Untersuchungen dadurch loszuwickeln, daß man sagte: Die Erfahrung böte unablässig Beispiele einer solchen Regelmäßigkeit der Erscheinungen dar, die genugsam Anlaß geben, den Begriff der Ursache davon abzusondern, und dadurch zugleich die objektive Gültigkeit eines solchen Begriffs zu bewähren , so bemerkt man nicht, daß auf diese Weise der Begriff der Ursache gar nicht entspringen kann, sondern daß er entweder völlig a priori im Verstande müsse gegründet sein, oder als ein bloßes Hirngespinst gänzlich aufgegeben werden müsse. Denn dieser Begriff erfordert durchaus, daß etwas A von der Art sei, daß ein anderes B daraus notwendig und nach einer schlechthin allgemeinen Regel folge. Erscheinungen geben gar wohl Fälle an die Hand, aus denen eine Regel möglich ist, nach der etwas gewöhnlichermaßen geschieht, aber niemals, daß der Erfolg notwendig sei: daher der Synthesis der Ursache und Wirkung auch eine Dignität anhängt, die man gar nicht empirisch ausdrücken kann, nämlich, daß die Wirkung nicht bloß zu der Ursache hinzukomme, sondern durch dieselbe gesetzt sei, und aus ihr erfolge. Die strenge Allgemeinheit der Regel ist auch gar keine Eigenschaft empirischer Regeln, die durch Induktion keine andere als komparative Allgemeinheit, d.i. ausgebreitete Brauchbarkeit bekommen können. Nun würde sich aber der Gebrauch der reinen Verstandesbegriffe gänzlich ändern, wenn man sie nur als empirische Produkte behandeln wollte.

(Kindle Locations 1533-1547).

Realität

Wenn eine Erkenntnis objektive Realität haben, d.i. sich auf einen Gegenstand beziehen, und in demselben Bedeutung und Sinn haben soll, so muß der Gegenstand auf irgendeine Art gegeben werden können. Ohne das sind die Begriffe leer, und man hat dadurch zwar gedacht, in der Tat aber durch dieses Denken nichts erkannt, sondern bloß mit Vorstellungen gespielt. Einen Gegenstand geben, wenn dieses nicht wiederum nur mittelbar gemeint sein soll, sondern unmittelbar in der Anschauung darstellen, ist nichts anderes, als dessen Vorstellung auf Erfahrung (es sei wirkliche oder doch mögliche) beziehen. Selbst der Raum und die Zeit, so rein diese Begriffe auch von allem Empirischen sind, und so gewiß es auch ist, daß sie völlig a priori im Gemüte vorgestellt werden, würden doch ohne objektive Gültigkeit und ohne Sinn und Bedeutung sein, wenn ihr notwendiger Gebrauch an den Gegenständen der Erfahrung nicht gezeigt würde, ja ihre Vorstellung ist ein bloßes Schema, das sich immer auf die reproduktive Einbildungskraft bezieht, welche die Gegenstände der Erfahrung herbeiruft, ohne die sie keine Bedeutung haben würden; und so ist es mit allen Begriffen ohne Unterschied.

(Kindle Locations 2195-2203).

Urteile

Gliederung dieses Kapitels

Analytische
Synthetische
  Arithmetische Axiome Euklids
  Synthetische Urteile a priori
    Einteilung

Analytische

Im analytischen Urteile bleibe ich bei dem gegebenen Begriffe, um etwas von ihm auszumachen. Soll es bejahend sein, so lege ich diesem Begriffe nur dasjenige bei, was in ihm schon gedacht war; soll es verneinend sein, so schließe ich nur das Gegenteil desselben von ihm aus. In synthetischen Urteilen aber soll ich aus dem gegebenen Begriff hinausgehen, um etwas ganz anderes, als in ihm gedacht war, mit demselben im Verhältnis zu betrachten, welches daher niemals, weder ein Verhältnis der Identität, noch des Widerspruchs ist, und wobei dem Urteile an ihm selbst weder die Wahrheit, noch der Irrtum angesehen werden kann.

   (Kindle Locations 2184-2189).

Kant definiert so in unnachahmlicher Präzision und Klarheit den Unterschied zwischen analytischen und synthetischen Urteilen. Damit nicht genug, erfolgt im

nächsten Abschnitt dieser Einführung eine höchst scharfsinnige Analyse von Axiomen der Mathematik.

Logik

Satz vom Widerspruch

Der Satz nun: Keinem Dinge kommt ein Prädikat zu, welches ihm widerspricht, heißt der Satz des Widerspruchs, und ist ein allgemeines, obzwar bloß negatives, Kriterium aller Wahrheit, gehört aber auch darum bloß in die Logik , weil er von Erkenntnissen, bloß als Erkenntnissen überhaupt, unangesehen ihres Inhalts gilt, und sagt: daß der Widerspruch sie gänzlich vernichte und aufhebe.

(Kindle Locations 2153-2155).

In der Aussagenlogik wird dieser Satz durch die Formel

$\neg(A \land \neg A)$

Wörtlich: Es ist nicht der Fall („¬"), dass die Aussage A zutrifft und („∧ ") dass die Aussage A nicht („¬") zutrifft.

ausgedrückt.

https://de.wikipedia.org/wiki/Satz_vom_Widerspruch

Axiome

Die Tafel der Kategorien gibt uns die ganz natürliche Anweisung zur Tafel der Grundsätze, weil diese doch nichts anderes, als Regeln des objektiven Gebrauchs der ersteren sind. Alle Grundsätze des reinen Verstandes sind demnach
1. Axiome der Anschauung
2. Antizipationen
3. Analogien der Wahrnehmung der Erfahrung
4. Postulate des empirischen Denkens überhaupt

 (Kindle Locations 2247-2250).

Hier lässt Kant ein Problem offen: er gibt nur ein Kriterium an und es folgen als Randbeispiel die kurze Erwähnung der Euklidschen Axiome, aber er nennt keines der Axiome explizit. Als Prinzip bezeichnet er einen Grundsatz, der aber kein Axiom ist.

Ich möchte dagegen ein mögliches Axiom selbst formulieren:

"Die Anschauung ist intersubjektiv."
Das heißt, wenn zwei Individuen zur gleichen Zeit am gleichen Ort das gleiche Objekt wahrnehmen, dann ist ihr Anschauungs-Inhalt identisch und sie können über diesen Inhalt einen Konsens erzielen.

Im Gegenschluss folgt daraus: wenn eine Anschauung

nicht intersubjektiv ist, so liegt ihr kein reales Objekt zu Grunde oder es liegt beim Individuum eine krankhafte Störung der Anschauungsfähigkeit vor.

Einige neuere Philosophen haben dagegen die These aufgestellt, dass die Grundstrukturen der Erfahrung, des Denkens und Handelns nicht ewige Wahrheiten, sondern Ausdruck von historischen und kulturellen Bedingungen seien, dass somit der Begriff "a priori" nur auf speziellen Traditionen beruht und nicht wie bei Kant in der Natur des Menschen festgeschrieben sei.

2. Antizipationen der Wahrnehmung

Das Prinzip derselben ist: In allen Erscheinungen hat das Reale, was ein Gegenstand der Empfindung ist, intensive Größe, d.i. einen Grad.

(Kindle Locations 2311-2313).

3. Analogien der Erfahrung

Das Prinzip derselben ist: Erfahrung ist nur durch die Vorstellung einer notwendigen Verknüpfung der Wahrnehmungen möglich.

(Kindle Locations 2420-2421).

A. Erste Analogie

Grundsatz der Beharrlichkeit der Substanz

Bei allem Wechsel der Erscheinungen beharrt die Substanz, und das Quantum derselben wird in der Natur weder vermehrt noch vermindert.

(Kindle Locations 2478-2479).

Hier formuliert Kant zum ersten Mal selbst ein Axiom, nämlich das Axiom von der Erhaltung der Energie in der Physik.

B. Zweite Analogie

Grundsatz der Zeitfolge nach dem Gesetze der Kausalität

Alle Veränderungen geschehen nach dem Gesetze der Verknüpfung der Ursache und Wirkung.

(Kindle Locations 2553-2554).

Das Axiom der Kausalität stellt tatsächlich die wichtigste Grundlage aller Naturwissenschaft dar. Es ist - im Gegensatz zu der langatmigen Beweisführung im Kantschen Text - eine nicht beweisbare Grundannahme. David Hume hat es zum Gegenstand ausführlicher Betrachtungen gemacht.

C. Dritte Analogie

Grundsatz des Zugleichseins, nach dem Gesetze der Wechselwirkung, oder Gemeinschaft

Alle Substanzen, sofern sie im Raume, als zugleich wahrgenommen werden können, sind in durchgängiger Wechselwirkung.

(Kindle Locations 2785-2786).

4. Die Postulate des empirischen Denkens überhaupt

1. Was mit den formalen Bedingungen der Erfahrung (der Anschauung und den Begriffen nach) übereinkommt, ist möglich.

2. Was mit den materialen Bedingungen der Erfahrung (der Empfindung) zusammenhängt, ist wirklich.

3. Dessen Zusammenhang mit dem Wirklichen nach allgemeinen Bedingungen der Erfahrung bestimmt ist, ist (existiert) notwendig.

(Kindle Locations 2870-2872).

Wenn man sich aber gar neue Begriffe von Substanzen, von Kräften, von Wechselwirkungen , aus dem Stoffe, den uns die Wahrnehmung darbietet, machen wollte, ohne von der Erfahrung selbst das Beispiel ihrer Verknüpfung zu entlehnen, so würde man in lauter Hirngespinste geraten, deren Möglichkeit ganz und gar kein Kennzeichen für sich hat, weil man bei ihnen nicht Erfahrung zur Lehrerin annimmt, noch diese Begriffe von ihr entlehnt. Dergleichen gedichtete Begriffe können den Charakter ihrer Möglichkeit nicht so, wie die Kategorien, a priori, als Bedingungen, von denen alle Erfahrung abhängt, sondern nur a posteriori, als solche, die durch die Erfahrung selbst gegeben werden, bekommen, und ihre Möglichkeit muß entweder a posteriori und empirisch, oder sie kann gar nicht erkannt werden.

Eine Substanz, welche beharrlich im Raume gegenwärtig wäre, doch ohne ihn zu erfüllen , (wie dasjenige Mittelding zwischen Materie und denkenden Wesen, welches einige haben einführen wollen,) oder eine besondere Grundkraft unseres Gemüts, das Künftige zum voraus anzuschauen (nicht etwa bloß zu folgern), oder endlich ein Vermögen desselben, mit anderen Menschen in Gemeinschaft der Gedanken zu stehen (so entfernt sie auch sein mögen), das sind Begriffe, deren Möglichkeit ganz grundlos ist, weil sie nicht auf Erfahrung und deren bekannte Gesetze gegründet werden kann, und ohne sie eine willkürliche Gedankenverbindung ist, die, ob sie zwar keinen Widerspruch enthält, doch keinen Anspruch auf objektive Realität, mithin auf die Möglichkeit eines solchen Gegenstandes, als man sich hier denken will , machen kann. Was Realität betrifft, so verbietet es sich wohl von selbst, sich eine solche in concreto zu denken, ohne die Erfahrung zu Hilfe zu nehmen, weil sie nur auf Empfindung, als Materie der Erfahrung, gehen kann, und nicht die Form des Verhältnisses betrifft, mit der man allenfalls in Erdichtungen spielen könnte.

(Kindle Locations 2904-2917).

Kant definiert ausdrücklich, was diesem Postulat (4.1, Möglichkeit) nicht entspricht, sind "Hirngespinste" oder "Erdichtungen", denen keine empirische Erfahrung entspricht. Insbesondere führt er hier die "Parapsychologie" und ihre Verirrungen unter seinen Beispielen an. Er konnte freilich noch nicht ahnen, zu welchen Formen der Realität die heutige Hochtechnologie einst fähig sein wird, beispielsweise die direkte Kommunikation von Menschen auf der

entgegengesetzten Seite des Erdballs. Dennoch bleibt Kants prinzipielle Unterscheidung zwischen nur erdachten Begriffen einerseits und solchen die entweder a priori gegeben oder auf realen Erfahrungen beruhen für alle Zeiten gültig.

Axiome der Anschauung

1. Axiome der Anschauung

Das Prinzip derselben ist: Alle Anschauungen sind extensive Größen.
Eine extensive Größe nenne ich diejenige, in welcher die Vorstellung der Teile die Vorstellung des Ganzen möglich macht, (und also notwendig vor dieser vorhergeht). Ich kann mir keine Linie, so klein sie auch sei, vorstellen, ohne sie in Gedanken zu ziehen, d.i. von einem Punkte alle Teile nach und nach zu erzeugen, und dadurch allererst diese Anschauung zu verzeichnen. Ebenso ist es auch mit jeder auch der kleinsten Zeit bewandt. Ich denke mir darin nur den sukzessiven Fortgang von einem Augenblick zum anderen, wo durch alle Zeitteile und deren Hinzutun endlich eine bestimmte Zeitgröße erzeugt wird. Da die bloße Anschauung an allen Erscheinungen entweder der Raum, oder die Zeit ist, so ist jede Erscheinung als Anschauung eine extensive Größe, indem sie nur durch sukzessive Synthesis (von Teil zu Teil) in der Apprehension erkannt werden kann. Alle Erscheinungen werden demnach schon als Aggregate (Menge vorher gegebener Teile) angeschaut, welches eben nicht der Fall bei jeder Art Größen, sondern nur derer ist, die uns extensiv als solche vorgestellt und apprehendiert werden. Auf diese

sukzessive Synthesis der produktiven Einbildungskraft, in der Erzeugung der Gestalten, gründet sich die Mathematik der Ausdehnung (Geometrie) mit ihren Axiomen, welche die Bedingungen der sinnlichen Anschauung a priori ausdrücken, unter denen allein das Schema eines reinen Begriffs der äußeren Erscheinung zustande kommen kann; z.E. zwischen zwei Punkten ist nur eine gerade Linie möglich; zwei gerade Linien schließen keinen Raum ein usw. Dies sind die Axiome, welche eigentlich nur Größen (quanta) als solche betreffen.

(Kindle Locations 2275-2286).

Kant betrachtet nur die Größen Raum und Zeit als vorhergegebene Anschaungsgrößen, und bezeichnet alle Grundsätze von Raum und Zeit als Axiome, beispielsweise die Axiome der Geometrie. Dagegen hält er die Sätze der Mathematik nicht für Axiome sondern für synthetische Sätze, wie folgt:

Was aber die Größe, (quantitas) d.i. die Antwort auf die Frage: wie groß etwas sei? betrifft, so gibt es in Ansehung derselben, obgleich verschiedene dieser Sätze synthetisch und unmittelbar gewiß (indemonstrabilia) sind, dennoch im eigentlichen Verstande keine Axiome. Denn daß gleiches zu gleichem hinzugetan, oder von diesem abgezogen, ein gleiches gebe, sind analytische Sätze, indem ich mir der Identität der einen Größenerzeugung mit der anderen unmittelbar bewußt bin; Axiome aber sollen synthetische Sätze a priori sein. Dagegen sind die evidenten Sätze der Zahlverhältnis zwar allerdings synthetisch, aber nicht allgemein, wie die der Geometrie, und eben um deswillen auch nicht Axiome, sondern können Zahlformeln genannt werden. Daß $7 + 5 = 12$ sei, ist kein analytischer Satz. Denn ich denke weder in der Vorstellung von 7, noch von 5, noch in der Vorstellung von der Zusammensetzung beider die Zahl 12, (daß ich diese in der Addition beider denken solle, davon ist hier nicht die Rede; denn bei dem analytischen Satze ist nur die Frage, ob ich das Prädikat wirklich in der Vorstellung des Subjekts denke). Ob er aber gleich synthetisch ist, so ist er doch nur ein einzelner Satz. Sofern hier bloß auf die Synthesis des Gleichartigen (der Einheiten) gesehen wird, so kann die Synthesis hier nur auf eine einzige Art geschehen, wiewohl der Gebrauch dieser Zahlen nachher allgemein ist. Wenn ich sage: durch drei Linien, deren zwei zusammengenommen größer sind, als die dritte, läßt sich ein Triangel zeichnen; so habe ich hier die bloße Funktion der produktiven Einbildungskraft, welche die Linien größer und kleiner ziehen, imgleichen nach allerlei beliebigen Winkeln kann zusammenstoßen lassen. Dagegen ist die Zahl 7 nur auf eine einzige Art möglich, und auch die Zahl 12, die durch die Synthesis der ersteren mit 5 erzeugt wird. Dergleichen Sätze muß man also nicht Axiome, (denn sonst gäbe es deren unendliche,) sondern Zahlformeln nennen.

(Kindle Locations 2286-2299).

Die zeitlich nach Kants Kritik folgende Entwicklung der Mathematik hat allerdings gezeigt, dass es auch in der Mathematik Axiome geben muss, ja dass diese sogar für die Theorie, welche mit den Mathematikern Frege, Hilbert, Russel und anderen verbunden ist, von entscheidender Bedeutung sind. Gerade Kants Argument, es könne nicht unendlich viele Axiome geben, hat sich als falsch erwiesen.

Arithmetische Axiome Euklids

Exkurs:
Steffen Fröhlich (3), Einführung in die Geometrie und Logik, Auszug, Seiten 21 bis 23:

1.4. AXIOME

Vergleich mit E.S. Unger, M. Simon und T.L. Heath

Es wird verlangt, dass man zugestehe: (1) es kann von jedem Punkt nach jedem anderen eine gerade Linie gezogen werden, (2) jede begrenzte gerade Linie kann stetig in gerader Richtung verlängert werden, und (3) man kann um jeden Punkt als Mittelpunkt in jedem Abstand einen Kreis beschreiben. (10) Alle rechten Winkel sind gleich groß. (11) Werden zwei gerade Linien von einer dritten so geschnitten, dass die beiden, auf derselben Seite liegenden inneren Winkel zusammen genommen kleiner als zwei Rechte sind, so treffen diese Linien, wenn sie genügsam verlängert werden, an eben dieser Seite zusammen. - Es soll gefordert werden, daß sich (1) von jedem Punkt bis zu jedem Punkt eine und nur eine Strecke führen lasse (2) und diese Strecke sich kontinuierlich auf ihrer Geraden ausziehen lasse. (3) Um jedes Zentrum sich mit jedem Abstand ein und nur ein Kreis zeichnen lasse. (4) Und alle rechten Winkel einander gleich seien. (5) Und wenn eine zwei Geraden schneidende Gerade mit ihnen innere an derselben Seite liegende Winkel bildet, die [zusammen] kleiner sind als zwei rechte, so schneiden sich die beiden [geschnittenen] Geraden bei unbegrenzter Verlängerung auf der Seite, auf der diese Winkel liegen. - (1) Let the following be postulated: to draw a straight line from any point to any point. (2) To produce a finite straight line continuously in a straight line. (3) To describe a circle with any centre and distance. (4) That all right angles are equal to one another. (5) That, if a straight line falling on two straight lines make the interior angles on the same side less than two right angles, the two straight lines, if produced indefinitely, meet on that side on which are the angles less than the two right angles.

Wir bemerken, dass Unger [162] das Postulat über die Gleichheit der rechten Winkel (4) und das Parallelenpostulat (5) als das zehnte und das elfte Axiom aufnimmt, was aber nicht unserer Interpretation von Postulaten als semantische und Axiomen als arithmetisch-syntaktische Wahrheiten entspricht.

Den Postulaten schließen sich nun neun Axiome an, von denen wir die ersten sechs als arithmetisch, die verbleibenden drei als geometrisch interpretieren können.

Axiom

A1. Was demselben gleich ist, ist auch einander gleich.

Arithmetische Interpretation:

$a = b \land a = c \rightarrow b = c$

Axiom

A2. Wenn Gleichem Gleiches hinzugefügt wird, sind die Ganzen gleich.

Arithmetische Interpretation:

$a = b \rightarrow a+c = b+c$

Axiom

A3. Wenn von Gleichem Gleiches weggenommen wird, sind die Reste gleich.

Arithmetische Interpretation:

$a = b \rightarrow a-c = b-c$

Axiom

A4. Wenn Ungleichem Gleiches hinzugefügt wird, sind die Ganzen ungleich.

Arithmetische Interpretation:

$a \neq b \rightarrow a+c \neq b+c$

Axiom

A5. Die Doppelten von demselben sind einander gleich.

Arithmetische Interpretation:

$a = b \rightarrow 2a = 2b$

Axiom

A6. Die Halben von demselben sind einander gleich.

Arithmetische Interpretation:

$a = b \rightarrow \text{½} a = \text{½} b$

Die Axiome sieben, acht und neun beinhalten nun geometrische, nicht anzuzweifelnde Wahrheiten. Ihre Einordnung in die Gruppe der Euklidischen Axiome beweist die enge Verzahnung von Axiomen und Postulaten in den *Elementen*.

Axiom

A7. Was einander deckt, ist einander gleich.

Das in diesem Axiom verwendete Wort *decken* wird nicht näher erläutert. E.S. Unger führt dazu näher aus:

Dinge decken sich, heißt: Sie können so ineinander gelegt werden, dass sie ganz zusammenfallen, so dass kein Teil des einen vor irgend einem Teil des anderen hervorragt; und hieraus folgt unmittelbar, dass sie gleich sein müssen.

Axiom

A8. Das Ganze ist größer als der Teil. In den *Elementen* wird dieses Axiom ohne eine genau Analyse als ein Kriterium des *Kleiner*- bzw. *Größerseins* verwendet. Wir wollen hierauf nicht näher eingehen.

Axiom

A9. Zwei Strecken umfassen keinen Flächenraum.

Dieses Axiom wurde nachträglich in die *Elemente* aufgenommen, um insbesondere die in Abschnitt 1.3 gemachte Eindeutigkeitsaussage im Postulat über die Existenz einer Strecke zwischen zwei gegebenen Punkten nachzuweisen. Die behauptete Eindeutigkeit folgt unter Annahme dieses Postulats unmittelbar.

Synthetische

V. In allen theoretischen Wissenschaften der Vernunft sind synthetische Urteile a priori als Prinzipien enthalten

1. Mathematische Urteile sind insgesamt synthetisch. Dieser Satz scheint den Bemerkungen der Zergliederer der menschlichen Vernunft bisher entgangen, ja allen ihren Vermutungen gerade entgegengesetzt zu sein, ob er gleich unwidersprechlich gewiß und in der Folge sehr wichtig ist. Denn weil man fand, daß die Schlüsse der Mathematiker alle nach dem Satze des Widerspruchs fortgehen, (welches die Natur einer jeden apodiktischen Gewißheit erfordert,) so überredet man sich, daß auch die Grundsätze aus dem Satze des Widerspruchs erkannt würden; worin sie sich irrten; denn ein synthetischer Satz kann allerdings nach dem Satze des Widerspruchs eingesehen werden, aber nur so, daß ein anderer synthetischen Satz vorausgesetzt wird, aus dem er gefolgert werden kann, niemals aber an sich selbst.

Zuvörderst muß bemerkt werden: daß eigentliche mathematische Sätze jederzeit Urteile a priori und nicht empirisch sind, weil sie Notwendigkeit bei sich führen, welche aus Erfahrung nicht abgenommen werden kann. Will man aber dieses nicht einräumen, wohlan, so schränke ich meinen Satz auf die reine Mathematik ein, deren Begriff es schon mit sich bringt, daß sie nicht empirische, sondern bloß reine Erkenntnis a priori enthalte.

(Kindle Locations 557-566).

Einige wenige Grundsätze, welche die Geometer voraussetzen, sind zwar wirklich analytisch und beruhen auf dem Satze des Widerspruchs, sie dienen aber auch nur, wie identische Sätze, zur Kette der Methode und nicht als Prinzipien, z.B. a = a, das Ganze ist sich selber gleich, oder (a + b) > a, d.i. das Ganze ist größer als sein Teil. Und doch auch diese selbst, ob sie gleich nach bloßen Begriffen gelten, werden in der Mathematik nur darum zugelassen, weil sie in der Anschauung können dargestellt werden. Was uns hier gemeiniglich glauben macht, als läge das Prädikat solcher apodiktischen Urteile schon in unserm Begriffe, und das Urteil sei also analytisch, ist bloß die Zweideutigkeit des Ausdrucks. Wir sollen nämlich zu einem gegebenen Begriffe ein gewisses Prädikat hinzudenken, und diese Notwendigkeit haftet schon an den Begriffen. Aber die Frage ist nicht, was wir zu dem gegebenen Begriffe hinzudenken sollen, sondern was wir wirklich in ihm, obzwar nur dunkel, denken, und da zeigt sich, daß das Prädikat jenen Begriffen zwar notwendig, aber nicht als im Begriffe selbst gedacht, sondern vermittels einer Anschauung, die zu dem Begriffe hinzukommen muß, anhänge.

(Kindle Locations 587-590).

Kant nennt als Beispiele für nicht analytische sondern synthetische Urteile die arithmetischen Axiome Euklids, obwohl diese von vielen Autoren irrtümlich für analytisch gehalten werden. An diesem Fall zeigt sich einmal mehr die geniale, messerscharfe Analyse eines Sachverhalts durch Kant.

2. Naturwissenschaft (Physica) enthält synthetische Urteile a priori als Prinzipien in sich.

(Kindle Location 590).

3. In der Metaphysik, wenn man sie auch nur für eine bisher bloß versuchte, dennoch aber durch die Natur der menschlichen Vernunft unentbehrliche Wissenschaft ansieht, sollen synthetische Erkenntnisse a priori enthalten sein, und es ist ihr gar nicht darum zu tun, Begriffe , die wir uns a priori von Dingen machen, bloß zu zergliedern und dadurch analytisch zu erläutern, sondern wir wollen unsere Erkenntnis a priori erweitern, wozu wir uns solcher Grundsätze bedienen müssen, die über den gegebenen Begriff etwas hinzutun, was in ihm nicht enthalten war, und durch synthetische Urteile a priori wohl gar so weit hinausgehen, daß uns die Erfahrung selbst nicht so weit folgen kann, z.B. in dem Satze: die Welt muß einen ersten Anfang haben, u. a. m. und so besteht Metaphysik wenigstens ihrem Zwecke nach aus lauter synthetischen Sätzen a priori.

(Kindle Locations 596-602).

Die eigentliche Aufgabe der reinen Vernunft ist nun in der Frage enthalten: Wie sind synthetische Urteile a priori möglich?

(Kindle Locations 605-606).

**Darin besteht tatsächlich eine der Kernfragen, mit denen sich Kant beschäftigt hat:
"Kann es synthetische Urteile a priori geben?" Ja es erscheint zunächst paradox: synthetische Urteile ergeben sich doch nur aus der Erfahrung und nicht aus der Definition von Begriffen und dem logischen**

Denken! Also: wie kann es synthetische Urteile a priori geben?

Synthetische Urteile a priori

Das oberste Principium aller synthetischen Urteile ist also: ein jeder Gegenstand steht unter den notwendigen Bedingungen der synthetischen Einheit des Mannigfaltigen der Anschauung in einer möglichen Erfahrung. Auf solche Weise sind synthetische Urteile a priori möglich, wenn wir die formalen Bedingungen der Anschauung a priori, die Synthesis der Einbildungskraft, und die notwendige Einheit derselben in einer transzendentalen Apperzeption , auf ein mögliches Erfahrungserkenntnis überhaupt beziehen, und sagen: die Bedingungen der Möglichkeit der Erfahrung überhaupt sind zugleich Bedingungen der Möglichkeit der Gegenstände der Erfahrung, und haben darum objektive Gültigkeit in einem synthetischen Urteile a priori.

(Kindle Locations 2220-2222).

Hier definiert Kant das Synthetische Urteile a priori:

"Anschauung, Einbildungskraft transzendental verbunden ergeben objektiv gültige Urteile, die synthetisch und somit a priori gültig sind."

Der zweite Satz im obigen Zitat ist einer der für Kant so typischen Endlossätze, aber die Komplexität des Problems erfordert offenbar eine derartig ausgefeilte Formulierung. Ein solches objektiv gültiges Urteil setzt also zwingend die Komponente der Anschauung voraus. Wenn sie fehlt, also wenn nur die Einbildungskraft im Spiele ist, entsteht kein synthetisches Urteil a priori. Wirkliche oder doch mögliche Erfahrung ist nach Kant die Grundbedingung für synthetische Urteile. Damit grenzt er diese gegen übernatürliche, religiöse Aussagen wie folgt ab:

Die Möglichkeit der Erfahrung ist also das, was allen unseren Erkenntnissen a priori objektive Realität gibt. Nun beruht Erfahrung auf der synthetischen Einheit der Erscheinungen, d.i. auf einer Synthesis nach Begriffen vom Gegenstande der Erscheinungen überhaupt, ohne welche sie nicht einmal Erkenntnis, sondern eine Rhapsodie von Wahrnehmungen sein würde, die sich in keinem Kontext nach Regeln eines durchgängig verknüpften (möglichen) Bewußtseins, mithin auch nicht zur transzendentalen und notwendigen Einheit der Apperzeption, zusammen schicken würden. Die Erfahrung hat also Prinzipien ihrer Form a priori zum Grunde liegen, nämlich allgemeine Regeln der Einheit in der Synthesis der Erscheinungen, deren objektive Realität, als notwendige Bedingungen, jederzeit in der Erfahrung, ja sogar ihrer Möglichkeit gewiesen werden kann. Außer dieser Beziehung aber sind synthetische Sätze a priori gänzlich unmöglich, weil sie kein Drittes, nämlich reinen Gegenstand haben, an dem die synthetische Einheit ihrer Begriffe objektive Realität dartun könnte.

Ob wir daher gleich vom Raume überhaupt, oder den Gestalten, welche die produktive Einbildungskraft in ihm verzeichnet, so vieles a priori in synthetischen Urteilen erkennen, so, daß wir wirklich hierzu gar keiner Erfahrung bedürfen; so würde doch dieses Erkenntnis gar nichts, sondern die Beschäftigung mit einem bloßen Hirngespinst sein,

(Kindle Locations 2203-2213).

Kants Begriffe

Für den noch nicht vollkommen mit der Begriffswelt Kants vertrauten Leser sollen hier einige der am häufigsten verwendeten Begriffe in der Kritik der reinen Vernunft aufgelistet und soweit notwendig erläutert werden. Wichtig ist dabei, dass einige Begriffe von Kant selbst in den Philosophischen Sprachgebrauch eingeführt worden sind, aber auch dass Kant manche der allgemein üblichen Begriffe in einer von ihm selbst definierten abweichenden Bedeutung verwendet und sich dadurch einige Kritik, vor allem von Schopenhauer, eingehandelt hat. Einige der Begriffe sind mit einem Link auf ein Kapitel des vorhergehenden Textes oder auf eine Kindle Location in der "Kritik der Reinen Vernunft" versehen.

Noumena (Ding an sich)

Anschauung, intuition engl.

Axiome der Anschauung

transzendent

transzendentale Deduktion

  (Kindle Location 1513).

a priori

In der neueren Philosophie bezeichnet der Ausdruck

eine erkenntnistheoretische Eigenschaft an Urteilen: Urteile a priori können ohne Basis der Erfahrung (Empirie) gefällt werden, sie sind Bedingungen der Erfahrung oder aus diesen abgeleitet. Im Gegensatz dazu stehen Urteile a posteriori. Im Allgemeinen gelten alle analytischen Urteile als a priori. Ihre urteilstheoretische Bedeutung haben die Begriffe a priori und a posteriori seit Mitte des 17. Jahrhunderts, spätestens aber seit Immanuel Kant.
https://de.wikipedia.org/wiki/A_priori#Immanuel_Kant

synthetisch

synthetische Urteile a priori

(Kindle Location 2183).

Synthetische Urteile sind Urteile, bei denen im Gegensatz zu den analytischen Urteilen das Prädikat noch nicht im Begriff des Subjekts enthalten ist.

Synthesis

Kategorie

Kategorien des Verstandes

(Kindle Location 1523).

Axiom

Metaphysik

Erkenntnis
Erkenntnis a priori,

(Kindle Location 1500).

Erfahrung

sinnlich

Wahrnehmung

Ästhetik

Sinn

Sein

Idealismus

Einbildungskraft

reine Verstandesbegriffe

Apperception, Apperzeption,

principle of sufficient reason (PSR)

Realität

Antinomie

Regressus
Regress bezeichnet in der traditionellen Logik den Rückgang, das Rückschreiten des Denkens

vom Bedingten auf die Bedingung, von der Wirkung auf die Ursache[1] und vom Besonderen zum Allgemeinen.[2] In der Argumentationstheorie bzw. Logik und in der Mathematik steht der infinite Regress im Vordergrund.

höchste Intelligenz

(Kindle Location 6574).

hypostatisch
gegenständlich

(Kindle Location 6987).

Hy·po·s·ta·se, die; -, -n [lat. hypostasis < griech. hypóstasis = Grundlage, Ablagerung]: 1. (BES. PHILOS.) Vergegenständlichung, Verdinglichung einer Eigenschaft, eines Begriffs, eines bloßen Gedankens. 2. (MYTHOL., REL.) a) Personifizierung göttlicher Eigenschaften od. religiöser Vorstellungen zu einem eigenständigen göttlichen Wesen (z. B. in der christl. Theologie die drei Personen der Trinität); b) Wesensmerkmal einer personifizierten göttlichen Gestalt. 3. (SPRACHWISS.) Verselbstständigung eines Worts als Folge einer Veränderung der syntaktischen Funktion (z. B. der Übergang eines Substantivs im Genitiv zum Adverb wie »des Mittags« zu »mittags«). 4. (MED.) vermehrte Ansammlung von Blut in den tiefer liegenden Körperteilen (z. B. bei Bettlägerigen in den hinteren unteren Lungenpartien). 5. (GENETIK) Unterdrückung, Überdeckung der Wirkung eines Gens durch ein anderes, das nicht zum gleichen Paar von Erbanlagen gehört.

Duden ( ). Duden Deutsches Universalwörterbuch (German Edition) (Kindle Locations 171075-171082). Amazon Dictionary Account. Kindle Edition.

Noumena

Gleichwohl liegt es doch schon in unserem Begriffe, wenn wir gewisse Gegenstände, als Erscheinungen, Sinnenwesen (Phänomena) nennen, indem wir die Art, wie wir sie anschauen, von ihrer Beschaffenheit an sich selbst unterscheiden, daß wir entweder eben dieselbe nach dieses letzteren Beschaffenheit, wenn wir sie gleich in derselben nicht anschauen, oder auch andere mögliche Dinge, die gar nicht Objekte unserer Sinne sind, als Gegenstände bloß durch den Verstand gedacht, jenen gleichsam gegenüberstellen, und sie Verstandeswesen (Noumena) nennen.

(Kindle Locations 3257-3260).

Unser Verstand bekommt nun auf diese Weise eine negative Erweiterung, d.i . er wird nicht durch die Sinnlichkeit eingeschränkt, sondern schränkt vielmehr dieselbe ein, dadurch, daß er Dinge an sich selbst (nicht als Erscheinungen betrachtet) Noumena nennt. Aber er setzt sich auch sofort selbst Grenzen, sie durch keine Kategorien zu erkennen, mithin sie nur unter dem Namen eines unbekannten Etwas zu denken.

(Kindle Locations 3313-3315).

Noumenon ist das Gedachte, im Gegensatz zum Phänomen, das sinnlich erfahrbare. Kant verwendet hingegen Noumenon für das "Ding an sich", das hinter dem Phainomenon steht. Dies wird von Schopenhauer als irreführende Begriffsverwendung kritisiert.

Literatur

(1)Immanuel Kant. Kritik der reinen Vernunft / Zweite hin und wieder verbesserte Auflage (1787)

The Project Gutenberg EBook of Kritik der reinen Vernunft (2nd Edition) by Immanuel Kant Copyright laws are changing all over the world. Be sure to check the copyright laws for your country before downloading or redistributing this or any other Project Gutenberg eBook.

This header should be the first thing seen when viewing this Project Gutenberg file. Please do not remove it. Do not change or edit the header without written permission.

Please read the "legal small print," and other information about the eBook and Project Gutenberg at the bottom of this file. Included is important information about your specific rights and restrictions in how the file may be used. You can also find out about how to make a donation to Project Gutenberg, and how to get involved.

Title: Kritik der reinen Vernunft (2nd Edition)

Author: Immanuel Kant

Release Date: August, 2004 [EBook #6343] [Yes, we are more than one year ahead of schedule] [This file was first posted on November 28, 2002]

Edition: 10 Language: German

(2) Peter Sloterdijk,
Philosophische Temperamente: Von Platon bis Foucault
Gebundene Ausgabe - 16. November 2009, 144 Seiten
Verlag: Diederichs (16. November 2009)
Sprache: Deutsch
ISBN-10: 3424350168
ISBN-13: 978-3424350166

(3) **Steffen Fröhlich, 28. Januar 2014, Einführung in die Geometrie und Logik**
http://www.alt.mathematik.uni-mainz.de/Members/froehli/skripte/ws2013/head.pdf

Herstellung und Verlag:
BoD - Books on Demand, Norderstedt
ISBN 978-3-7412-8866-1